# 남산에 내리는 가을 눈

# 남산에 내리는 가을 눈

조병철 제4시집

BM 성안당

# Y교수에게.

시를 잊고 살아간다며 나를 '힐책'하는 사람은
이 땅에서 당신밖에 없습니다.
나를 만날 때마다 시는 어디로 갔느냐,
시인은 어디로 갔느냐고
'폭언'을 남기는 사람은 당신밖에 없습니다.

Y교수.
그러나 시를 잊고 살아가진 않습니다.
일상의 업무 때문에
〈하늘에 있는 친구에게〉 보내는 연작시를
중단하고 있었습니다만,
나는 시를 잊고 살아갈 순 없습니다.

Y교수.
첫 시집 《새와 겨울의 비가悲歌》가 세상에 나온 지도

40여 년이 흘렀습니다.
둘째 시집 《마술사 손가락은 스물개》가 나온 지도
35년이 흘렀습니다.
지금 이 시집들은 나의 책상 속에도 없습니다.
어느 서점에서도 찾아볼 수 없습니다.
항상 허전했습니다.
항상 허무했습니다.
그런 나에게 당신은 시선집을 권유했습니다.
암울했던 유신 시절 나를 위로한 〈서울 풍경〉 〈유럽 풍경〉
〈하늘에 있는 친구에게〉도 함께 수록했습니다.
미행하던 바람도.

그림이 있는 시선집이 되게 해주신(표지·내지)
오수환 화백께 감사드립니다.

2019년 겨울 조병철

차례



## 남산에 내리는 가을 눈

## 서울 풍경

## 꿈속의 새

## 유럽 풍경

## 하늘에 있는 친구에게

# 남산에 내리는 가을 눈

# 남산에 내리는 가을 눈

가을에 내리는 가을 눈 밟고 있습니다
낙엽 위에 내리는 눈
그 눈 떠나가면 나도 울겠지 낙엽 없는 길
소리 없이 밟고 있습니다
오늘은 낙엽 속에 나를 묻어두고 싶습니다
오늘은 바람 소리 들리지 않는 다른 세상에
나를 묻어 두고 싶습니다
그 누구도 낙엽을 밟지 않는 세상
하늘과 땅
어디 없습니까 자문하는
남산
그 남산에 내리는 가을 눈
기도 같은 것

# 낙엽에게

가을은 떠나가더라
바람 따라
떠나가더라

하늘에서 떨어지는 가을
손바닥에 담아도 담아도
떠나가더라

# 겨울비

나는 어디로 가는 걸까
겨울비 맞으며 어디로 가는 걸까
비에 묻어오는
바람에게나 물어볼까
나는 어디로 가는 걸까
겨울비에 묻어오는
천상의
나의 어머니

# 사람이 그리운 사람들·1

사람이 그리운 사람들은, 하늘을
바라보는데
하늘이 그리운 사람들은, 무엇을
바라볼까
오늘도 나는
오수환의 그림 속에 누워 나를
바라보는데
사람아
사람아.

# 사람이 그리운 사람들·2

부르고 싶은 사람이 있기에, 나는
행복하여라
부르고 싶은 이름이 있기에, 나는
행복하여라
풀밭에 누워
해와 달을 마시고……
장욱진의 그림처럼……
행복하여라.

# 어느 무신론자의 편지

이유경 시인에게

무신론자였던 늙은이, 어쩌다 신을 믿게 되었소
창세기 읽다 잠들면 꿈속에서도 창세기 읽는 늙은이 되었소
오늘도 야곱아 야곱아 하나님 말씀에 눈을 떴소
새문안교회 새벽 기도 1년, 성령을 만나는 아침이
너무나 황홀하오
사랑의 빛이 무엇인지
믿음의 빛이 무엇인지
은혜의 빛이 무엇인지
성모 마리아를 찾는 당신도 알지요?
지나가는 바람도 느티나무 밑에서 기도하고 있소
하늘이여

# 서울 풍경

# 서울 풍경·1

서울 사는 사람들은 서글프지
아이들에게
세상 살아가는 이야기를
노래처럼
들려주면
서글픈 생각 들 때가 많지

이것이 서울 사는 죄라면
죄려니

오늘도 아이들에게 차조심하거라 길조심하거라
노래하는데

아내는
늙어 가는 나에게도
차조심하세요 길조심하세요
서글픈 노래 부르네

이것이 서울 사는 죄라더냐
서울 사는 사람들은 서글프지

# 서울 풍경·2

한강에 갔더니 강물 소리 들리지 않는다
한강에 갔더니 물고기 떼 숨소리 들리지 않는다
다들 어디로 갔는가
어릴 때 들리던 그 많은 강물 소리
어디로 흘러갔는가
강물 소리 다시 듣고 싶어라
한강에 갔더니
울고 있는 바람 소리
상여 소리

# 서울 풍경·3

서울 살던 나의 친구는 눈이 작아졌습니다
서울 살던 나의 친구는 귀가 작아졌습니다
서울 살던 나의 친구는 입이 작아졌습니다
서울 살던 나의 친구는 손이 작아졌습니다
서울 살던 나의 친구는 발이 작아졌습니다
서울 살던 나의 친구는 팔이 짧아졌습니다
서울 살던 나의 친구는 다리가 짧아졌습니다
서울 살던 나의 친구는 작은 사람 되어
작은 노래 부르며
떠나갑니다

# 서울 풍경·4

서울 사는 사람들은 눈이 큽니다
서울 사는 사람들은 귀가 큽니다
서울 사는 사람들은 입이 큽니다
서울 사는 사람들은 손이 큽니다
서울 사는 사람들은 발이 큽니다
서울 사는 사람들은 팔이 큽니다
서울 사는 사람들은 다리가 깁니다
서울 사는 사람들은……
서울 사는 사람들은……

# 서울 풍경·5

서울은 임신 10개월의 만삭 여인

사람도
자동차도
아파트도
만삭이 되더니

이제는
하늘도
구름도
바람도
만삭이 되어
병원 문 앞에 서 있더라

# 서울 풍경·6

나는 어이하여 서울사람 되었느냐
어이하여
서울까지 흘러와
오염된 물 마시며
살고 있느냐
나는 어이하여 서울사람 되어
오염된
하늘
보며
살고 있느냐

새들은 서울을 떠나는데

# 꿈속의 새

# 소리·1

보이지 않는 그물로
소리를 건지며 살아갑니다
그물 안에 남아 있는 한두 마디 소리 때문에
살아갑니다
때때로 하늘에서 떨어지는 소리들이
그물 안에 남아 있습니다
아내도 소리를 건지며 살아갑니다

## 소리·2

눈을 감는 시간이 많아지고 있습니다
눈을 뜨면 보이지 않던 바람들이
눈을 뜨면 들리지 않던 소리들이
나를 흔들고 있습니다

# 세상은 다 그런 법

천마산 기슭에 누워 있다
지상으로 내려온
개울 속 하늘에 발을 담그고
아직도 내려오지 못한
천상의 하늘 바라보면
세상은 다 그런 것
세상은 먼저 가는 자者 뒤에 가는 자
있는 법
다 그런 법
천마산 기슭 개울 위에 떠 있다
나는 하늘이야
하늘이야

# 종이새

비에 젖은 하늘이 쉬고 있는데
사람들이 하늘을 흔들며 종이새를 만듭니다
하늘은 반쯤 날개 위에 누워 있습니다
그 흔한 바람 소리도 들리지 않는데
사람들은
바람 소리 내며
종이새를 날립니다
종이새는
힘없이 힘없이 떨어집니다
사람들은 그래도 바람 소리 내며
종이새를 만듭니다
하늘이 반쯤 열려 있는 창틈으로 종이새를 날립니다
날아가거라
날아가거라
사람들은 종이새를 날리며 울고 있습니다

# 하늘만 바라보는 아이들

아이들이 하늘만 바라보고 있습니다
하늘에서 무엇이 떨어질 거야 떨어질 거야
그렇게 하늘을 향해 울고 있는
아이들이 있습니다
울다가 하늘 바라보고
하늘 바라보다가 울고 있는 아이들이
지나가는 바람에 얼굴을 씻고 있습니다
하늘에서
무엇이
내려올 거야
내려올 거야
아이들이 하늘을 향해
길을 묻고 있습니다
성베드로 광장 아이들이

# 귓속으로 말하는

오늘은 미행하는 사람도 없는데
귓속으로 말하는
사람들아
오늘은
미행하는 소리도 없는데
외쳐 보아라
외쳐 보아라

무덤 속 새들이 춤춘다
춤을 춘다
귓속으로 말하는
사람들아
새가 되어 춤을 추어라
새가 되어 날아 보아라
날아가거라

오늘은 미행하는 구름도 없는데

# 우물 위를 나는 새 이야기

동그라미 안에 머문 하늘빛이 고와라
고운 하늘빛 안으로
날고 싶어라
하늘빛 안으로 날으다가 날으다가
수장이 되더라도
동그라미 안에 머문 하늘빛이 좋아라

나를 부르네 손짓하는 하늘빛이 고와라
억만년
태곳적부터 머문 하늘빛이 고와라
고운 하늘빛 안으로
날으고 싶어라

동그라미 안에 숨쉬는 하늘이라
돌을 던지지 말아라
하늘이 무너지는 소리는 울리지 말아라
신이여
신이여

# 구름 속의 새

구름에도 죽음이 묻어 있는가
어린 재두루미
한 마리
구름 속을 날으다가
임진강변 갯벌에 떨어져 누워 있네

어미 재두루미 한 마리
어린 재두루미 곁에서
울고 있네
임진강변 갯벌
울고 있네 어미 재두루미
한 마리
더 길어진 목에 저녁 햇살이 죽어가는
서울 근교
경기도 파주군 교하면 하지석리

농약 묻은 바람이 하늘로 날아가
구름이 되었는가

구름 속을 날으던 재두루미 두 마리
농약 묻은 날개
씻으려
임진강변 갯벌로 내려왔네
어린 재두루미는 눈을 감고
어미만 살아났네
울고 있네
울고 있네, 웃고 있네

# 레퀴엠

새야 포레의 레퀴엠을 들으라
죽은 자의 안식을 기원하는
저 노래를 들으라
묘지 위를 날으는 새야
밤에만 묘지 위를 날으는 새야
밤에만 눈을 뜨는
새야
눈을 감고 북행 버스 기다리는
시민들의 머리 위를 나는
새야
포레의 레퀴엠을 들으라
죽은 자의 안식을 기원하듯
죽음을 기다리는 자를 위한 노래는 없느냐
새야 너의 날개 위에 묻어오는
바람 소리
사이로
포레의 레퀴엠이 들린다

새야
내 눈을 뜨게 하여라
죽은 자의 용서를 기도하는
포레의 레퀴엠이 들린다
새야
밤에만 묘지 위를 나는 새야
밤에만 눈을 뜨는
새야
북행 버스 기다리는 시민들의 눈을
뜨게 하여라
밤에만 내 눈을 뜨게 하여라
밤에만 노래하는 서러운 서러운 생명들이어라

# 제주 기행

제주 서남쪽 모슬포 바다는
하늘이다
바다 밑은 에메랄드 빛이 흐르는
하늘이다
바다 밑은 감귤밭 하늘이다
바다 밑은 한라산이 물을 마시는
흰구름이다

세 마리의 새들이
에메랄드 빛이 흐르는 하늘로
하늘로
날아간다
바다에 젖은 날개들이 허우적거린다
구름에 젖은 날개들이
물을 뿌린다
제주 서남쪽 모슬포 바다는
하늘이다

# 폭염 속에서

바람을 찾아
서울을
떠난다

바람이 살 만한 데면
어딘들 못 가랴

바람을 만나
바람 말을 듣던
친구여
낙동강 하구에는 아직도
바람이 살겠지
종이새를 만들던 친구여

바람아
바람아
바람이 살 만한 데면 어딘들 못 가랴

# 목련

늙어지면 이럴까, 사람들은
이렇게
초라한 모습으로
눈을
감을까

한때는 눈부셔
한때는 지나가는 사람들도
머물게
하더니
늙어지면 저럴까

초라한 모습으로 눈을 감는 목련아
늙어지면
그럴까
가슴 안으로
떨어지는 목련아

# 천경자 6월의 신부

신부의 눈이 젖어 있네

눈으로
눈으로
슬픔 같은 걸 흘리고 있네

전라도 고흥 땅 나비 한 마리
신부 머리 위에 앉아
신부처럼
슬픈 몸짓을 던지고 있네

어디로 날아가느냐
어디로 날아가느냐

고흥 땅 나비 한 마리 또 날아와
남도로 가자
남도로 가자
노래하네

# 음악이 있는 한

음악이 있는 한
나는
절망하고 싶지 않아, 그대
바흐가 들리는
밤은
다시 살아난 듯
내 영혼은 숨을 쉬네.
음악이 있는 한
나는
존재하고 싶어, 그대
바흐의 무반주 소나타로
내 영혼을 눈뜨게
하네.

그대, 그대, 음악이 있는 한.

# 허허 허허

허허 이 사람들

한밤에 나를 찾아온 추사秋史는
허허
허허
소리만 뿌리고 있었다

한밤에 나를 깨운 추사는
수염에 묻은 인사동 바람을 손으로 털며
허허
허허
인사동 바람을 꾸짖고 있었다

추사를 읽는 밤은
허허
허허
옷깃에 묻은 인사동 먼지를
손으로

털고 있는

추사를 만난다

# 유럽 풍경

# 유럽 풍경·1

나폴레옹을 팝니다
어서 오세요
나폴레옹
나폴레옹
나폴레옹
나폴레옹 그림자 팝니다

어서 오세요
나폴레옹을 보세요
나폴레옹 모자
나폴레옹 의자
나폴레옹 침대

프랑스는 나폴레옹 그림자로 살아갑니다

# 유럽 풍경·2

파리 가는 친구마다
개선문 보내는데
파리 가는 친구마다
에펠탑 보내는데
나는 무엇을 보낼까
피카소 그림이나 보낼까
피카소의 새 한 마리
하늘에
날
린
다

# 유럽 풍경·3

모나리자가 울고 있다
루브르 박물관에서 만난 모나리자는
화집에서 보던
모나리자가 아니다
울고 있다
울고 있다
루브르 박물관에서 만난 모나리자는
방탄 유리 안에서
죽어가고 있다
죽어가고 있다
미소를 잃어버린
루브르 박물관의
슬픈
모나리자여

# 유럽 풍경·4

센 강변을 누가 노래했던가
사랑을 사랑하는
파리의 연인들이여
노트르담 사원 부근
센 강변엔
서울의 중랑천에서 풍기던
그런
악취가
춤을 추고

센 강변을 누가 노래했던가
미라보 다리 위엔
이방인의 호주머니만 노리는
무리들이
프랑스를 팔고 있다

## 유럽 풍경·5

오늘밤은 지하 감옥에서
친구를 만났네
센 강변의 지하 감옥에서
고문 속에
죽어가던
프랑스 시민들을 만났네
목을 자르던 칼날도
쇠사슬도
지하 감옥에 그대로 있네
지하 감옥
지하 감옥
아, 아프리카의 나의 친구여

# 유럽 풍경·6

오직 나부마야 때문이야
나부마야를 만나기 위해
스페인의 수도 마드리드까지
날아가
프라도 미술관에 뛰어갔지
오직 고야의 나부마야 때문이야
나부마야 앞에만 머물고 싶었는데
안경 낀
늙은 경비원이
어깨를 두들기고 있네

# 유럽 풍경·7

마드리드 뒷골목에서
스페인 악사가 부르는
도라지를 듣는다
서울 아이들은 믿질 않을 거야
세상은 이렇게 좁은 것
손에 닿을 듯
가까이 있는데도
마드리드 뒷골목에서
도라지를 듣는
이 밤의 이야기를 믿질 않을 거야
(도라지 도라지 백도라지)
스페인 악사가 부르는 도라지는
서툴지만
마드리드 냄새가 묻어
아나폴라 향기가 묻어

# 유럽 풍경·8

누가 몽블랑에 비봉을 만들었는가
누가 몽블랑 비봉 위에 눈을 뿌렸는가
하늘인가
구름인가
바람인가

오 하늘이여 구름이여 나를 눈이 되게 하여라
눈이 되어
저기 몽블랑 비봉 위를 거닐게 하여라

바람이여
이대로 나를 날려 보내라
몽블랑 비봉 위로 날려 보내라

## 아직은 봄이 오지 않았으려니

아직은 봄이 오지 않았으려니
내가 먼저이려니
느긋하게 걸어간 광진만 신성 포구에는
나보다 몇 발자국 먼저 와 있는 것이 있더라
봄볕이 먼저 와 있더라
내리더라
봄빛 내리더라
아직은 봄이 오지 않았으려니
내가 먼저이려니
느긋하게 걸어간 남도에는 서울바람이 먼저 와 있더라

해음이 날으더라
남도의 봄을 날개 속에 담은
바람이 날아와
갯벌 위에 봄을 붓더라

# 나의 눈엔

나의 눈엔
빛이 보이지 않는데
아이들은 열심히
빛 속으로
걸어가고 있다
나의 귀엔
빛의 소리가 들리지 않는데
아이들은 열심히
빛의 소리를
귀에 담고 있다
바람 속으로 뛰어가는 아이들이
보이지 않는다
바다 속으로 뛰어가는 아이들이
보이지 않는다
나의 눈은 어둠 속에 숨어 있다
나의 귀는 어둠 속에 숨어 있다

# 지하철

지하철 타십니까
혹시
승차권 받을 때마다 서글픈 생각
드셨나요

올해 몇이세요
때때로 나이를 묻는 지하철 역무원은
없던가요

그러다 보면 세월은 흘러가지요
이제는
지하철 역무원도 나이를 묻지 않아요
그 누구도 묻지 않아요
지나가는 바람은 더더구나 묻지 않아요
올해 몇이세요
나만 홀로 나를 보며
물어보네요
오늘도 지하철 타십니까

혹시

올해 몇이세요 그런 역무원 만나면

행복한 표정 지어 보세요

# 하늘에 있는 친구에게

# 라이너 마리아 릴케

겨울밤 눈을 감으면 들리는 소리는 모두 당신의 것입니다
라이너 마리아 릴케여
당신이 나의 전부가 되어
나의 안으로 들어올 때
나는 눈을 감고 당신의 소리에 포로가 됩니다
바람 소리에도
낙엽 소리에도
당신의 언어는 고독을 모르는 빛깔을 냅니다
겨울밤 눈이 내리는 겨울밤
누군가
문을 두들기며 찾아올 것만 같은 기다림이
눈처럼 쌓이고
초조한 순간들이 흐르고
들리는 소리는 눈을 쓸고 있는
바람
소리
라이너 마리아 릴케여
고독을 씹는 습관이 밤마다 되풀이되는 겨울입니다

# 하늘에 있는 친구에게 · 1

달이 되어 하늘에 떠 있느냐
어쩌다 달이 되어 하늘에 떠 있느냐
한밤에 일어나 빈 하늘 걸어가는 사람아
때때로 구름이 길을 막는
밤길을
달이다
달이다
걸어가는 사람아
하늘에서 보는 세상 어떻느냐
하늘에서 보는 세상 어떻느냐
달이 되어
하늘 걸어가는 사람아

# 하늘에 있는 친구에게·2

달 없는 밤은 무엇이 되어 하늘 거닐 거냐
한밤에 달 되어
하늘 거닐던 사람아
바람 되어 하늘 거닐 거냐
달 없는 밤은
우리들 빈 가슴 안으로 내려오너라
빈 가슴에도
달 있느니
하늘 있느니

# 하늘에 있는 친구에게·3

달빛을 달빛이라 부르게 해다오
나무를 나무라 부르게 해다오
강물은 흐르는가
바다로 흘러가는가
흐르는 강물을 강물이라 부르게 해다오
흐르는 강물에 떠 있는 하늘이여
하늘을 하늘이라 부르게 해다오
구름을
구름이라
부르게 해다오

## 하늘에 있는 친구에게·4

아이들이 손으로 말을 하고 있습니다
바람도
손으로 말을 하고 있습니다
모두들
손으로만
말을 하고 있습니다.
아이들은 눈으로도 말을 하고 있습니다
모두들
손으로
눈으로
말을 하고 있습니다

# 하늘에 있는 친구에게·5

귀엣말을 나누기 위해 산에 오르면
하늘에 있는 달도
내려오는가
사람들이 산에 오르네
귀엣말을 나누네
하늘에 있는 달도 귀엣말을
나누네
들리느냐
들리느냐
바람에 가려
작아지는 소리 하나
들리느냐
구름에 가려
작아지는
소리
하나
들리느냐

# 하늘에 있는 친구에게·6

거짓으로 살아온 나날이라
오늘 하루만이라도 바른말 하려나
하늘 바라보네
비가 내리는데 비는 내리지 않는다
눈이 내리는데 눈은 내리지 않는다
그런 거짓으로 살아온 나날이라
하늘 바라보지 못하다가
오늘 하루만이라도 바른말 하려니
하늘
바라보네

# 하늘에 있는 친구에게·7

문경새재로 떠난 사람을 생각하는 날이 많아지고 있습니다
마음대로 훨훨 떠날 수 있었던 바람처럼
문경새재로 떠난 사람
하늘 가까이 거닐다가
하늘에서 내려오는 물에 귀를 씻는 사람
하늘 가까이 거닐다가
하늘에서 내려오는 물에
눈을
씻는
사람
이렇게 산다는 일들이 서글퍼지는 날은
종이 위에 낙서를 하고 있습니다
문경새재
문경새재

# 양수리 · 1

강물이 나무 그늘에서 쉬고 있다
바람이 나무 그늘에서 쉬고 있다
양수리 사람들
강물에 누워 있다
강물에
떠내려오는
소리
담고 있다
강물에
떠내려오는
하늘
담고 있다

# 양수리·2

한여름 양수리바람은 달다
한여름 양수리바람은 달다 못해 떫다
양수리바람은
여인의 손길 따라 춤을 추더니
땀에 젖는다
땀을 흘리네
양수리바람은
젖은 땀을
강물에
씻고 있네

# 백두산 천지 기행

백두산 천지여

이제는 눈을 감아도 한이 없어라
눈을 감아도
눈을 감아도
보이는 것은 천지여, 백두산 천지뿐이어라.

이토록 아름다운 물빛을 본 일이 있는가
다섯 가지 빛깔로 다가온다
여섯 가지 빛깔로 다가온다
일곱 가지 빛깔로 다가온다
그런 빛으로 다가오는
천지여
너는 아느냐
조선사람들이
조선 땅을 밟지 못하는 비운을
조선사람들이
중국 땅을 밟아, 북경 장춘 연길 백하 거쳐

여기 천지 앞에 서야 하는 비통함을
너는 아느냐, 백두산이여

눈물이 흐르는구나
모두들 눈물을 흘리누나
우리들 눈물이 하나둘 천지에 떨어지는구나
여기
우리들 눈물 젖은 돌 하나 영원히 간직하리라
백두산 천지 위의 돌 하나
화산 부석 하나
우리 함께 서울로 가리라
이 돌을 볼 때마다 천지여, 너를 생각하리라
이 돌을 볼 때마다 천지여, 겨레의 영욕을 생각하리라

백두산 천지여

# 남산과 나, 그리고 바람

〈1〉

나는 남산을 사랑한다. 어디 나만이 남산을 사랑하랴. 주말 새벽마다 남산 길에 오르며 나보다 먼저 와 있는 바람을 만나고 새들도 만나고 꽃들도 만난다. 때로는 어디로 갔는지 보이지 않던 또 다른 나를 만난다.

나를 만날 때마다 힘들지만 나는 오늘도 남산을 걷고 바람을 만난다.

〈2〉

오, 하나님. 하늘에도 남산 있습니까
계절마다 아름다운 남산 있습니까

〈남산 연가·1〉 발췌

오월 어느 날, 바람이 내게 말을 했다. 조지훈 선생 문학비 있는 〈파초우〉까지 1년만 함께 걷겠느냐고. 그렇게 시작한 바람과의 만남은 10년이 지나도록 계속되고 있다.

내가 먼저 남산 입구에 있는 국립극장 광장에서 기다릴 때도 있지만 바람이 먼저 와 나를 기다릴 때가 많았다. 바람이 말을 한다면 사람들은 믿으려고 할까. 나와 바람은 오늘도 끝없는 대화를 이어 간다.

〈3〉

2000년 여름의 일이다. 그 당시 나는 40년 동안 다니던 언론계를 떠나 그야말로 텅 빈 몸이 되어 자유를 만끽하고 있었다. 발 가는 대로 마음 가는 대로 하면 되고, 그런 나를 바라보는 아내도 말없이 동행해주니 한없이 행복했을 때였다.

해 보고 살리라
달 보고 살리라
한라산 겨울 눈꽃 하늘보며 살리라. 살리라
그렇게 바람 따라 떠났는데
그 바람, 나를 찾아와 다시 광화문에 가자, 하네
서귀포 바다, 남해 바다, 그렇게 아름다워도
지중해, 카리브해, 노르웨이 송네 피오르드 아무리
아름다워도
나, 광화문에 다시 왔네

〈나, 광화문에 다시 왔네〉 중에서

지은이 **조병철**

1935년 경남 김해군 진영읍 출생
조선일보 문화부장·출판국장 역임
스포츠조선 이사·편집국장·전무이사 역임
1962년 시동인지 《신년대》 참여
《현대시학》 통해 등단
《새와 겨울의 비가悲歌》 《마술사 손가락은 스물개》
《하늘에 있는 친구에게》 등 4권 시집 출간

---

# 남산에 내리는 가을 눈

2019년 10월 14일 1판 1쇄 발행
2019년 11월 22일 1판 2쇄 발행

지은이 | 조병철
펴낸이 | 이종춘
펴낸곳 | BM (주)도서출판 성안당
주소 | 04032 서울시 마포구 양화로 127 첨단빌딩 3층(출판기획 R&D 센터)
10881 경기도 파주시 문발로 112 출판문화정보산업단지(제작 및 물류)
전화 | 02) 3142-0036
031) 950-6300
팩스 | 031) 955-0510
등록 | 1973. 2. 1. 제406-2005-000046호
출판사 홈페이지 | **www.cyber.co.kr**
ISBN | 978-89-315-8860-6(03810)
**정가** | **10,000원**

## 이 책을 만든 사람들

책임 | 최옥현
편집 | 김수연
표지·본문 삽화 | 오수환
표지·본문 디자인 | 강수진
국제부 | 이선민, 조혜란, 김혜숙
마케팅 | 구본철, 차정욱, 나진호, 이동후, 강호묵
제작 | 김유석